ALLA SCOPERTA DELL'INFORMATICA
Per bambini dai 6 ai 9 anni

Potenza Letizia

INTRODUZIONE

Ciao bambini! 👋
Vi siete mai chiesti come funziona un computer? 💻
Ebbene, in questo libro, grazie a Robottino, scoprirete tutto sul mondo dell'informatica.
Troverete racconti, disegni da colorare tanti giochi che potete fare con gli amici 🎮

Siete pronti ?
Allora iniziamo! 😊

INDICE DEL LIBRO

- Prove finali
- Diploma

🖥️ 1: Cos'è un computer?

- Il computer è una macchina magica!

- Le parti del computer: schermo, tastiera, mouse e altro!

- Accendere e spegnere il computer nel modo giusto.

- ✏️ **Attività**: Giochi e disegna il tuo computer ideale!

Racconto:

Robottino Spensierino e il computer

Quella mattina, Marco si svegliò con un brivido di emozione: era il suo compleanno! Sapeva che avrebbe ricevuto un regalo speciale, e aveva un presentimento magico.

Quando tornò da scuola, trovò un enorme pacco al centro della stanza. "Wow!" esclamò, strappando la carta con entusiasmo. Non appena aprì la scatola, una luce brillante si sprigionò come un piccolo arcobaleno.

Dentro, un computer rosso fiammante sembrava aspettarlo con impazienza. Suo papà sorrise misteriosamente.

"Accendilo, troverai una sorpresa!"

Curioso, Marco sistemò il computer sulla scrivania e premette il pulsante di accensione. All'improvviso, lo schermo sfarfallò e comparvero scintille digitali. Poi, con un piccolo "Bip!", apparve un robottino luminoso con due enormi occhi scintillanti. "Ciao, sono Robottino Spensierino! Sono qui per accompagnarti in questa avventura!"

Marco spalancò la bocca. "Un computer parlante!" esclamò incredulo

"Eh sì! Il computer non è solo una macchina. Ti insegnerò tutto su di lui!"

"Ma io so già tutto!" disse Marco che da tempo si stava preparando all'evento  Robottino fece una capriola digitale.

"Davvero! Allora sarà facilissimo. Immagino che tu sia pronto per il primo enigma?"
Marco strabuzzò gli occhi "Enigma! Che roba è!" pensò senza osare aprire bocca, e temendo che dalla sua espressione il robottino avrebbe capito la poca inesperienza che in effetti aveva della materia nascose l'imbarazzo.

"Dimmi!... sai cos'è un processore?" chiese Robottino che voleva mettere alla prova le sue conoscenze

Marco ci pensò su. "Mmm... è il cervello del computer!" rispose sicuro di sé

Robottino batté le mani virtuali. "Esatto! Il computer ha un cervello che pensa (il processore), occhi per guardare (lo schermo) e mani per scrivere (la tastiera e il mouse)!

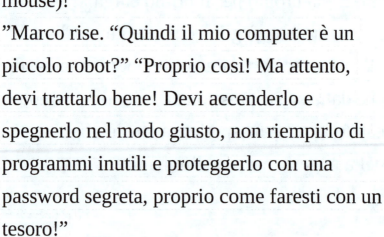

"Marco rise. "Quindi il mio computer è un piccolo robot?" "Proprio così! Ma attento, devi trattarlo bene! Devi accenderlo e spegnerlo nel modo giusto, non riempirlo di programmi inutili e proteggerlo con una password segreta, proprio come faresti con un tesoro!"

Marco ascoltava incantato. "E se si rompe?""Niente paura! Ci sono esperti in grado di aggiustarli, ma se lo tratti bene, sarà il tuo compagno di avventure per molto tempo!" Robottino batté le mani e sullo  schermo, circondata da una miriade di luci, apparve una porta digitale. "Vuoi venire con me?" gli chiese Robottino

Marco saltò sulla sedia. "Sììì! Andiamo!"

Robottino entrò nella porta portando con se virtualmente Marco. Insieme avrebbero vissuto avventure straordinarie tra codici, giochi e magie digitali!

✏️ Attività: Disegna il tuo computer magico! Quali poteri avrà? Quali segreti nasconde?

Caccia all'intruso

Colora gli elementi del computer
Li riconosci? Scrivi il loro nome

1___M_____

2____C_____

3____T_____

4____M_____

Indovina chi sono? 🤔

[1] Senza di me non puoi vedere nulla, ma non sono una finestra! Chi sono?

➡ Il monitor! 🖥

[2] Ho tanti tasti ma non sono un pianoforte. Mi usi per scrivere e digitare. Chi sono?

➡ La tastiera! ⌨

[3] Ho due pulsanti e mi muovo sulla scrivania. Con un clic apro porte digitali. Chi sono?

➡ Il mouse! 🖱

[4] Sono il cuore del computer, penso e lavoro in silenzio. Chi sono?

➡ Il processore (CPU)! 💾

[5] Senza di me il computer non può partire, ma non sono una chiave. Chi sono?

➡ Il tasto di accensione! ⚪

[6] Memorizzo tutto, ma se mi spegni posso dimenticare qualcosa. Chi sono?

➡ La RAM! 🗃

7 Sono come una grande libreria digitale, conservo tutto per te. Chi sono?

➡ L'hard disk! 📁

🔧 Capitolo 2: Hardware e Software

- Cosa si può toccare in un computer? (Hardware) 🖱
- I programmi che fanno funzionare il computer (Software) 🖥
- Differenza tra mouse, tastiera e stampante.
- 🏆 **Gioco**: Indovina il nome del componente!

Racconto:
Il mistero dei pezzi mancanti

Marco si era abituato alla presenza di Robottino e, ogni pomeriggio, era diventato normale sedersi davanti al computer per passare del tempo con il suo amico virtuale.
Robottino Spensierino era simpatico, intelligente e sempre pronto a rispondere ad ogni sua domanda.

Sarebbe stato facile fare i compiti con lui, ma suo padre glielo aveva proibito.

"La lezione la devi fare usando la tua testa!" gli aveva detto più volte e Marco non intendeva disubbidirgli.

Così, ogni pomeriggio, si sbrigava a finire i compiti il più velocemente possibile. Appena terminati, correva ad accendere il computer, e impaziente attendeva di sentire quel familiare *Bip!* che annunciava l'arrivo di Robottino Spensierino. "Ciao, Marco! Pronto per una nuova avventura?" gli chiese Robottino, accogliendolo con un grande sorriso

"Certamente!" rispose Marco, curioso di scoprire cosa avrebbe imparato quel giorno. "Oggi, parleremo dell'**hardware**!" annunciò Robottino.

"Hardware? Che roba è?" chiese Marco, inclinando la testa.

Robottino sorrise. "L'hardware è tutto ciò che puoi **toccare** in un computer: lo schermo, la tastiera, il mouse… tutti i pezzi che lo fanno funzionare!"

Marco annuì. "La lezione di oggi sarà semplice. Sapevo già che il computer è composto da più pezzi!" disse orgoglioso. "Ne sono contento!" rispose Robottino. "Allora, ti aiuto a capire meglio… ho un enigma per te!"

All'improvviso, sullo schermo apparve l'immagine di un computer incompleto…

"Facile!" esclamò Marco. "Mancano alcuni pezzi!"

"Bravo! Ti farò vedere dei pezzi, dimmi dove devo metterli!"

Robottino iniziò a mostrare uno ad uno i componenti, spiegandone l'uso:

🖥️**monitor** – "È come una finestra magica! Ti mostra tutto quello che fai nel computer!"

⌨️ **La tastiera** – "Serve per scrivere, proprio

come un quaderno elettronico!"

⬜ **Il mouse** – "Aiuta a muovere il cursore e selezionare gli oggetti!"

⬜**case (o torre)** – "È la casa di tutti i componenti! Senza di lui, niente può funzionare!"

⬜ **CPU** – "E' il cervello del computer! Pensa e risolve i comandi!"

⬜ **La RAM** – "Aiuta il computer a ricordare le informazioni mentre lavora!"

⬜ **L'hard disk** – "Qui si salvano tutti i dati, come i giochi, le foto e i documenti!"

Dopo aver ascoltato attentamente, Marco iniziò a completare l'enigma trascinando i componenti mancanti nei posti giusti.

"Ce l'hai quasi fatta!" incoraggiò Robottino. "Manca solo un'ultima sfida… Quale tra questi tre oggetti **NON** serve per usare il computer?" Sul monitor apparvero un mouse, una tastiera e una stampante.

Marco ci pensò su. "La stampante serve per stampare i documenti… ma il computer può funzionare anche senza di lei!" "Esatto!" esclamò Robottino. "Ora sei diventato un esperto di **hardware**!"

Marco sorrise soddisfatto. "E adesso che ho capito come funziona il computer, possiamo usarlo per fare qualcosa di divertente?"

"Certo!" rispose Robottino. "prima però ti voglio parlare del **software**, i programmi che fanno funzionare il computer!"

Marco si mise comodo. Aveva già sentito parlare dei software, sapeva che senza di loro il computer non poteva funzionare, ma preferì non dire nulla. Non vedeva l'ora che Robottino finiva la sua lezione, per poi poter dedicare un po' di tempo al divertimento.

Cancella le cose che non hanno nulla a che fare con i computers

Colora gioca con Emma

🏆 Indovina il componente!

🔍 1. Sono piccolo ma molto potente,
senza di me il computer è un niente.
Elaboro i dati con gran precisione,
sono il cervello di ogni postazione.
Chi sono?

✅Risposta: La CPU

🔍 2. Sono grande e luminoso,
ti mostro tutto in modo curioso.
Può essere piatto o curvo un po',
senza di me nulla si vedrà però!
Chi sono?

✅Risposta: Il monitor

🔍 3. Se vuoi scrivere il tuo nome,
o digitare un messaggio a qualcuno di speciale,
ti servirò con i miei tasti,
per comporre parole in pochi istanti!
Chi sono?

✅Risposta: La tastiera

🔍 4. Mi muovi con la mano,
scivolo sul tavolo piano piano.
Clicco, seleziono e sposto qua e là,
senza di me il cursore fermo starà!
Chi sono?

✅Risposta: Il mouse

🔍 5. Conservo giochi, foto e canzoni,
ma anche file e presentazioni.
Mi trovi dentro il computer o fuori,
ma stai attento a non perdermi fuori!
Chi sono?

✅Risposta: L'hard disk

🔍 6. Senza di me il computer fa fatica,
sono la memoria più rapida e amica.
Ricordo tutto per poco tempo,
e aiuto la CPU a lavorare al meglio.
Chi sono?

✅Risposta: La RAM

🎭 **Gioco: Chi sono?**

🤔 Indovina chi sono con queste tre indizi!

1 - Ti permetto di navigare su internet.

2 - Mi chiami con nomi come Chrome o Firefox.

3 - Senza di me, niente ricerche online.
✅Risposta: Il browser

1 - Sono un software molto usato.
2 - Con me puoi scrivere documenti.
3 - Assomiglio a un quaderno digitale!
✅Risposta: Un programma di scrittura (es. Word)

1 - Posso stampare fogli con testi e disegni.
2 - Ho bisogno di inchiostro per funzionare.
3 - Sono sempre vicino al computer!
✅Risposta: La stampante

Capitolo 3: Come funziona un computer?

- Il cuore del computer: il processore (CPU).

- La memoria del computer: RAM e Hard Disk.

- Cosa succede quando premi un tasto?

✏️ **Attività**: Disegna il percorso di un messaggio nel computer.

Racconto:
Robottino e il messaggio segreto!

Emma stava giocando al computer quando, all'improvviso, apparve un messaggio misterioso sullo schermo:

"Missione segreta: trova il percorso del messaggio!"

"Che strano! Da dove viene questo messaggio?" pensò Emma, incuriosita.

Sapendo quanto fosse bravo il suo amico Marco con la tecnologia, la mattina dopo, a scuola, gli pose il quesito.

Marco sapeva bene di cosa stesse parlando Emma. Perché era stato proprio lui a inviarle il messaggio! Gli piaceva Emma, ma non aveva mai trovato il coraggio di parlarle. Così aveva escogitato quel trucco per attirare la sua attenzione. Ora, però, doveva trovare un modo per uscirne senza farsi scoprire.

Fece finta di nulla e rispose: "Non so come aiutarti… ma il mio amico Robottino sì!"

Emma lo guardò perplessa. "Robottino? E, chi è?"Chiese incuriosita

Nel pomeriggio si presentò a casa di Marco per conoscere il suo misterioso amico. Non appena accesero il computer, Robottino Spensierino apparve sullo schermo con gli occhi scintillati, accompagnato dal solito *Bip!*

Robottino guardò Emma e visto che sapeva bene cosa aveva combinato Marco pur di poterla avvicinare decise di stare al gioco.

Sapeva che quel messaggio era stato spedito proprio da lui, dopotutto viveva nel suo computer e sapeva tutto ciò che combinava. Sapeva che da tempo voleva avvicinare Emma, perché la seguiva sui media e pur non trovandosi d'accordo con lui non fece nulla per fargli cambiare idea, anzi si era divertito un sacco nel vedere il suo imbarazzo mentre scriveva la Email e voleva proprio vedere come sarebbe andata a finire.
Ma, ora che il piano era riuscito, Marco non sapeva cosa fare per uscire dall'imbarazzo.

"Benvenuta, Emma!" disse Robottino nascondendo un sorrisetto. "Mi ha detto Marco che vuoi scoprire da dove è arrivato quello strano messaggio!" " Si, vorrei saperne qualcosa di più!" disse Emma. "Perfetto! Seguitemi nel viaggio di un messaggio digitale! 🚀"

Emma spalancò gli occhi, curiosa.

"Sapete, ogni tasto che schiacciate sulla **tastiera**, *manda un messaggio al computer che in quel momento riceve degli ordini ben precisi!"* spiegò Robottino.

*"**La CPU***; *il cervello del computer, decifra i messaggi ed esegue gli ordini. Il suo intervento è immediato, veloce come un fulmine!*

*"Il computer ha una memoria speciale, chiamata **RAM**, che lo aiuta a ricordare il messaggio per un po' di tempo.*
Grazie a lei, la CPU può elaborarlo velocemente!

"Infine, il messaggio viene mostrato sullo schermo, pronto per essere letto!"

"Wow, è stato un viaggio interessante! Grazie!"
Esclamò incredula "Ora so cosa succede ogni
volta che scrivo qualcosa sul computer!"

Robottino sorrise. "Esatto! Un computer lavora
sempre in squadra con i suoi componenti. Ora
puoi rispondere al messaggio misterioso!"

Tornata a casa, Emma accese il computer e
rispose al messaggio. velocemente digitò sulla
tastiera:

"Missione completata!" 🚀 **"Ora so!"**

Osserva il disegno e prova a disegnare il percorso che fa una E-mail

Colora

Trova l'intruso

🏆 Indovinelli sul Messaggio Digitale

[1] - Mi usi per scrivere, ma non sono una penna.
Ogni volta che mi tocchi, il computer sa cosa vuoi dire.
Chi sono?

✅Risposta: La tastiera

[2] - Sono il cervello del computer, veloce e intelligente.
Senza di me, il tuo messaggio non saprebbe dove andare.
Chi sono?

✅Risposta: La CPU

[3] - Sono una memoria speciale, ricordo le cose solo per un po'.
Aiuto il computer a lavorare più velocemente.
Chi sono?

✅Risposta: La RAM

4 - Sono una finestra luminosa che ti mostra tutto quello che fai.
Quando scrivi un messaggio, sono l'ultimo a riceverlo.
Chi sono?

✅Risposta: Il monitor

5 - Sono un segnale veloce che trasporta il tuo messaggio.
Quando premi un tasto, io corro subito dalla CPU.
Chi sono?

✅Risposta: L'impulso digitale

🎮 Capitolo 4: Software per giocare

- I videogiochi come programmi informatici 🎲

- Differenza tra console e PC 🕹️

- ✏️ **Attività**: Disegna il tuo videogioco preferito!

Racconto:
Robottino e il codice segreto dei videogiochi.

Marco e Robottino Spensierino stavano esplorando un nuovo videogioco quando, all'improvviso, lo schermo si bloccò e apparve un messaggio misterioso:

"Errore! Codice segreto mancante!"

"Oh no! Il gioco non funziona più!" esclamò Marco, preoccupato.

Robottino fece un saltello felice.
"Questa è l'occasione giusta per scoprire come

funzionano i videogiochi! Ti parlerò del mondo segreto dei codici!"

"Per prima cosa devi sapere che il videogioco è un programma creato con dei **codici:** ovvero una lingua che i computer sanno decifrare e comprendono! Gli **sviluppatori** usano questi codici per scrivere le istruzioni che dicono al computer cosa fare, come muoversi, cosa dire...."

"I personaggi dei giochi si chiamano **sprite!** Seguono delle regole che dicono loro come muoversi, saltare o parlare!"

"Quando premi un tasto, il computer segue le istruzioni che gli ha dato il programmatore per far muovere i personaggi! È come una danza magica tra codice e azioni!"

Seguendo i consigli di Robottino, Marco scrisse alcune righe di un codice... e, come per magia il gioco riprese a funzionare! 🎉

"Wow, ora so che dietro ogni videogioco c'è un codice segreto scritto dai programmatori!" esclamò Marco entusiasta.

"È incredibile che queste scritte possano far muovere i personaggi!"

Robottino fece una capriola su sé stesso. "Anch'io esisto grazie a un codice! È lui che mi tiene in vita!"

Marco rimase a pensare. "E se un giorno il mio computer smettesse di funzionare? Anche tu spariresti?"

Robottino annuì. "Ebbene sì, ma se carichi il mio programma su un altro computer, potrai rivedermi tutte le volte che vorrai!"

Marco sospirò. "Io vorrei averti sempre con me... anche senza computer!"

Aveva sentito dire che a volte i computer si rompevano e non era sicuro che suo padre l'avrebbe fatto riparare in fretta.

Robottino lo guardò e sorrise. "Ma puoi! Se mi vuoi davvero, chiedilo a tuo padre, saprà come fare. Sai mi hanno assegnato un corpo molto carino!"

Marco rimase a pensare, dopo un po' si illuminò in viso. Una fantastica idea gli era balenata nella mente. Il Natale era vicino, e già sapeva quale regalo avrebbe chiesto a Babbo Natale.

Felice, si immaginava in compagnia del piccolo robot, e l'idea lo rendeva euforico.

Robottino Spensierino spiega la differenza tra Console e PC 🎮 💻

Ciao piccolo amico! 😊

Sai cos'è una console?

🎮 Una **console** è una scatola magica che serve per giocare ai videogiochi! 📺

🎮 Si collega alla TV e si usa con un **joystick** (il controller con i pulsanti!). 🎮 🕹️

🎮 Ha tanti giochi belli, ma funziona solo con i giochi fatti apposta per lei.

🎮 Alcuni esempi di console sono: **PlayStation, Xbox e Nintendo Switch!**

Sai cos'è un PC?

💻 Un **PC** è un computer, cioè una macchina che può fare tante cose! 😃

💻 Si usa per **giocare**, ma anche per **disegnare, scrivere, studiare e guardare video!** ✍️ 📚 🎥

💻 Si controlla con una **tastiera** e un **mouse** (o anche con un joystick!). ⌨️

💻 Può avere **tanti giochi diversi**, anche quelli che non ci sono sulle console!

Qual è meglio? 🤔

✅Se vuoi **solo giocare**, la **console** è più facile da usare!

✅Se vuoi **fare tante cose oltre a giocare**, il **PC** è più potente e utile!

Ora che conosci la differenza, quale preferisci?

Colora la console

Disegna il tuo video gioco preferito

Colora

Scopri l'intruso

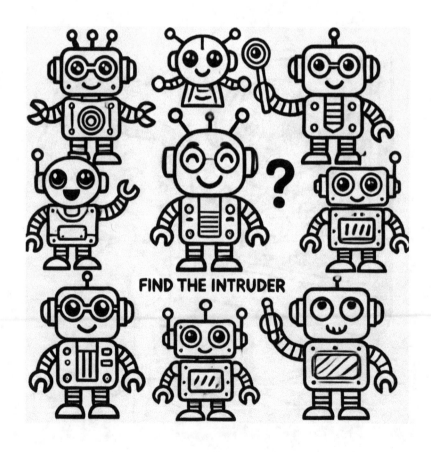

Indovinelli Facili:

1 Se mi premi, scrivo. Se mi guardi, sono tante. Se mi sbagli, puoi cancellare. Chi sono?
☞ La tastiera

2 Ho uno schermo, ma non vedo. Ho dei tasti, ma non suono. Ti aiuto a navigare, ma non sono una nave. Cosa sono?
☞ Un computer

3 Posso saltare, correre e volare, ma non ho gambe né ali. Esisto solo su uno schermo. Chi sono?
☞ Un personaggio di un videogioco

Indovinelli di Media Difficoltà:

4 Ha un corpo di metallo, non ha un cuore ma può pensare. Risponde ai tuoi comandi, chi sarà mai?
☞ Un robot

5 Sono invisibile, ma so tutto. Ti porto dove vuoi, ma non mi vedi. Senza di me, cercare sarebbe difficile. Chi sono?

☞ Internet

6 Non sono umano ma posso parlare, so rispondere a ogni domanda e imparare. Chi sono?

☞ Un'intelligenza artificiale

Indovinelli Difficili:

7 Più mi usi, più veloce divento. Se mi riempi troppo, rallento. Ti aiuto a lavorare e a giocare. Chi sono?

☞ Un processore o un computer

8 Se mi rompi, dentro trovi piccoli fili. Senza di me, non puoi sentire i tuoi **amici** lontani. Chi sono?

☞ Un telefono

9 Sono fatto di pixel ma sembro reale, nei miei mondi puoi fare qualsiasi cosa. Chi sono?

👉 Un videogioco

Capitolo 5: Proteggi la tua salute nell'uso del computer .

Quando tempo possiamo stare davanti allo schermo?

- Postura corretta e esercizi per occhi e mani

- ✏️ **Attività**: Disegna una postazione computer ideale! 🎨

Racconto:
Robottino e la pausa salutare

Emma era seduta davanti al computer da tanto tempo, concentrata a disegnare con un programma speciale. Ma, a un certo punto, sentì gli occhi stanchi e la schiena un po' indolenzita.

"Forse dovrei fermarmi… ma voglio finire questo disegno!" pensò.

Proprio in quel momento, Robottino Spensierino apparve sul monitor con un'aria seria e alzò un cartello con scritto PAUSA!

"Emma, il computer è un amico, ma il tuo corpo ha bisogno di una pausa! Sai perché?" Emma scosse la testa. "Perché, Robottino?""Se rimani troppo tempo davanti allo schermo, gli occhi si affaticano, la schiena si curva e le mani si stancano!" spiegò Robottino.

"Oh no! E cosa devo fare?"

Segui la Regola del 20-20-20 ovvero:

"Ogni 20 minuti, guarda qualcosa a 20 passi di distanza per 20 secondi! Aiuterà i tuoi occhi a riposarsi! 👀"
Fai stretching :

"Alza le braccia, muovi le dita e fai un piccolo stretching! Aiuterà la tua schiena e le tue mani

a rilassarsi! 🤸 "Fai delle pause :
"Fai una pausa ogni ora e cammina un po'!
Anche il cervello ha bisogno di riposo per
funzionare meglio! 🧠💡"

Emma si alzò, stiracchiandosi. "Hai ragione!
Credo proprio che seguirò il tuo consiglio e
quando userò il computer mi imporrò di fare
delle pause!"
Robottino batté le mani virtualmente
accompagnando il gesto con un bel CLANG.
"Brava, Emma!" esultò, felice di aver potuto
insegnare qualcosa di utile alla sua amichetta
Emma aveva imparato che pur essendo una
cosa buona usare il computer, doveva trovare
del tempo per sé stessa e prendersi cura della
sua salute!
Doveva usare il computer
per poco tempo in modo da
poter dedicare più tempo
alle attività fisiche e
mantenersi in forma!

Colora la postazione ideale

La posizione corretta da tenere davanti al computer

Colora la sequenza e collega al pensiero corretto

E' meglio se mi alzo e faccio due passi magari mi prendo qualcosa da bere

farò un po' di stretching

Sono stanca gli occhi mi bruciano

Vero o Falso?

1 Guardare lo schermo per troppo tempo senza pause può affaticare gli occhi.
✅ Vero

2 La regola del 20-20-20 suggerisce di guardare lo schermo per 20 ore consecutive.
❌ Falso (Bisogna guardare qualcosa a 20 passi di distanza ogni 20 minuti per 20 secondi!)

3 Un computer può funzionare senza codice.
❌ Falso (Ogni computer e videogioco funzionano grazie al codice scritto dai programmatori!)

4 I robot possono eseguire compiti solo se sono stati programmati per farlo.
✅ Vero

5 Usare il computer senza fare mai stretching aiuta a mantenere una buona postura.
❌ Falso (È importante muoversi e fare

stretching per evitare dolori alla schiena e alle mani!)

6 Un videogioco si crea magicamente senza che nessuno scriva il codice.

❌ Falso (Dietro ogni videogioco c'è un programmatore che scrive il codice per farlo funzionare!)

7 La tecnologia può essere utile, ma è importante usarla con equilibrio.

✅Vero

Ti piace questa versione? Vuoi altre domande o modificarne alcune? 😊

🌐 Capitolo 6: Cos'è il Web?

- Come funziona Internet? 🌐
- Browser e motori di ricerca 🔍
- Siti sicuri e come riconoscere le fake news 🗔
- Attenti al cyberbullismo
- ✏️ **Attività**: Disegna un sito web immaginario!

**Racconto:
Robottino e la rete invisibile**

Emma stava cercando informazioni per un progetto scolastico, ma durante la ricerca, sommersa dalle numerose notizie cominciò a sentirsi confusa.

"Robottino, aiuto!" chiamò disperata
"Ciao Emma cosa ti succede!" chiese Robottino presentandosi

immediatamente sul monitor.

"Robottino devo fare una ricerca, ma tra tutti questi siti, non ci capisco più nulla. Mi è venuto un forte mal di testa!" Si lamentò Emma.

"Ummm… E' vero! Le informazioni che girano sul web sono molte e tante non valgono neanche la pena di essere lette. Bisogna scegliere di aprire i file che provengono da siti sicuri in questo modo eliminerai molte notizie inutili che ti confondono solo le idee!"

"Ti sembra facile! … Come faccio a sapere quali sono i siti sicuri? E, quale sono le notizie vere? Non so molto di internet. Puoi aiutarmi?" Chiese Emma che vista la situazione stava pensando di trovarsi di fronte a un grosso enigma e non si sentiva in grado di affrontare quello che aveva definito"mostro" di internet.

Robottino Spensierino si grattò la testa pensieroso.

"Devi sapere che il Web è come una grande città, piena di case (i siti web), strade che collegano le varie case (i collegamenti) e cartelli stradali (i motori di ricerca). Ogni volta che cerchi qualcosa, scrivi sul motore di ricerca cosa stai cercando, lui elabora la richiesta, cerca tra le tante case e ti aiuta a trovare la strada giusta!"

"Per accedere a Internet, ti serve un browser come Chrome o Safari. Pensa a loro come a un'auto che ti porta ovunque nel web! Ti basta digitare un indirizzo e... via, sei in viaggio!" 🚗👉

"Ma attenzione! Non tutte le informazioni che trovi in Internet sono vere. Per essere sicura, cerca su più siti e controlla chi ha scritto la notizia! Scopri se ha scritto altro, cosa ha scritto, e sopratutto se è seguito da altre persone " 🗞️🔍

Emma annuì "Ho capito! Internet è un amico ma bisogna usarlo con intelligenza e attenzione!"

Robottino sorrise. "Esatto! Ora che lo sai, sono certo che non avrai più paura di usarlo!" 🌍💡

📌 Cos'è il cyberbullismo?

Il cyberbullismo è quando qualcuno **prende in giro, minaccia o fa sentire male un'altra persona su Internet**. Può succedere sui social, nei videogiochi o nei messaggi.

Ecco alcuni esempi:

🚫 Un bambino scrive cose brutte a un compagno in una chat.

🚫 Qualcuno pubblica una foto per **ridicolizzare** un'altra persona.

🚫 Un gruppo di bambini esclude sempre qualcuno da un gioco online.

🚫 Una persona manda **messaggi cattivi** o dice bugie per ferire gli altri.

🔍 Come riconoscerlo?

Se qualcuno **ti fa sentire triste, impaurito o a disagio** su Internet, **potrebbe essere cyberbullismo!** 😟

Ecco alcuni segnali:

Ricevi messaggi cattivi o minacciosi.

⚠ Ti prendono in giro pubblicamente su un social o in un videogioco.

⚠ Diffondono cose false su di te senza il tuo permesso.

⚠ Ti senti escluso o preso di mira online.

🛡 **Come proteggersi dal cyberbullismo?**

Robottino ti dà i suoi **5 consigli d'oro** per stare al sicuro! 💥

1️⃣ **Non rispondere** ai messaggi cattivi: i bulli vogliono farti arrabbiare! 😠

2️⃣ **Parlane con un adulto di fiducia**: i genitori o gli insegnanti possono aiutarti. 👦🏫👪

3️⃣ **Blocca e segnala** chi ti infastidisce: su Internet ci sono strumenti per fermare i bulli. 🚫

4️⃣ **Non condividere mai dati personali** con persone che non conosci. 🔒

5️⃣ **Sii gentile con gli altri**: Internet deve essere un posto sicuro per tutti! ❤

🤖 **Il messaggio di Robottino per te!**

Se vedi qualcuno che subisce cyberbullismo, **non rimanere in silenzio!** Aiuta chi ne ha bisogno parlando con un adulto! 🛑

Ecco un esempio di **messaggio di cyberbullismo** che potrebbe apparire in una chat o su un social network (ma ricorda: questi messaggi sono sbagliati e fanno male alle persone! 🚫 ☹️).

❌ **Messaggio di cyberbullismo:**

"Ahahah! Sei davvero pessimo a questo gioco! Dovresti smettere perché nessuno vuole giocare con te!" 🎮 😡

🔍 **Questo è un messaggio di cyberbullismo perché:**

✔ **Fa sentire male un'altra persona** con insulti.

✔ **Esclude qualcuno** da

un'attività.

✔ **Cerca di umiliare pubblicamente.**

✅**Cosa fare se ricevi un messaggio così?**

💬 **Non rispondere** per non alimentare la discussione.

🚫 **Blocca e segnala** chi ha scritto il messaggio.

👦🏫 **Parla con un adulto di fiducia** (genitore, insegnante).

❤ **Ricorda che non sei solo** e che chi ti tratta male sta sbagliando!

📢 **Internet deve essere un posto sicuro e rispettoso per tutti!** Se vedi qualcuno subire cyberbullismo, **aiutalo!** 🌍 💙

Colora il robot

Trova l'intruso

Taglia le immagini e inseriscile nella tabella accanto

Animali   **Robot**   **Forme**   **Indefinite**

Taglia le immagini e gioca da solo o con gli amici.- Il gioco delle coppie

Memory

📺 Capitolo 7: Cosa sono i media digitali?

- Dalla TV ai social media 📱

- Video, immagini e audio: come vengono creati e condivisi 🎬

- L'impatto dei media sulla società 🌍

- ✏️ **Attività**: Disegna il tuo social media ideale!

Racconto:
Robottino e la TV parlante

Emma era seduta sul divano quando, all'improvviso, sullo schermo della TV apparve Robottino Spensierino! 📺 🤖

"Ciao Emma! Oggi ti parlerò dei media digitali! Sai cosa sono?"

Emma scosse la testa. "No, Robottino, spiegamelo tu!"
"Un tempo c'erano solo i media tradizionali. Per avere informazioni

usavamo: la TV, la radio e i giornali Le persone potevano ascoltare o leggere, senza poter interagire direttamente." 📻 📰

"Oggi abbiamo i media digitali: Internet, YouTube, TikTok e tanti altri modi per guardare video, leggere notizie e persino creare contenuti! Ora tutti possono condividere informazioni,  parlare con chiunque nel mondo e influenzare il pensiero degli altri."

"I media digitali hanno un impatto sulla società, Possono essere utili e informativi, ma hanno anche un grande potere. Possono unire le persone, far conoscere nuove idee, ma anche diffondere false informazioni o creare discussioni poco costruttive. Alcuni contenuti possono persino influenzare le opinioni e i comportamenti delle persone!" 🌍 🔍

"Non tutte le notizie che si trovano online sono vere! Bisogna sempre controllare le fonti. Alcune informazioni possono essere false o ingannevoli, create per spingere le persone a pensare o a fare cose che non sono giuste." 🧐

Emma annuì, riflettendo. "Quindi i media digitali possono influenzare come pensiamo e come ci comportiamo? Devo stare attenta a cosa guardo e a cosa condivido!"

Robottino sorrise. "Esatto! I media digitali sono strumenti potenti: possono educare e connettere le persone, ma possono anche fare del male, bisogna saperli usare con attenzione e responsabilità!" 📺💡

Colora

Emma si è persa nella città di Internet

✉ Capitolo 8: Cos'è una e-mail?

- Come si invia una E-mail in modo sicuro ✉

- Spam e phishing: attenzione alle truffe! 🔺

- ✏ **Attività**: Scrivi una e-mail a Robottino!

Racconto:
Robottino e il messaggio misterioso!

Un giorno, Emma ricevette una e-mail con scritto:

"Hai vinto un premio! Clicca qui per ritirarlo!" 🏆

Emma saltò dalla sedia, emozionata. "Robottino, ho vinto qualcosa?"

Robottino fece un bip preoccupato. "Aspetta, Emma! Potrebbe essere una truffa! Vediamo insieme se la e-mail è sospetta!"

"Sai chi te l'ha mandata? Se non conosci il mittente, fai attenzione! A volte, i truffatori fingono di essere aziende famose per ingannarti!"

Emma corrugò la fronte. "Robottino, ma perché dovrebbero ingannarci? Che motivo hanno per farlo?"

"Vedi Emma, le persone che organizzano queste truffe si chiamano hacker; sono persone che sanno usare molto bene i computers e non sempre li usano per fare del bene. Alcuni hacker usano la loro abilità per aiutare le persone e migliorare la sicurezza online, ma altri la usano per truffare e rubare dati. Questi ultimi vengono chiamati 'hacker cattivi' o 'criminali informatici'."

Emma spalancò gli occhi. "Quindi un hacker può rubare le mie informazioni?"

Robottino annuì. "Sì! A volte mandano e-mail con messaggi ingannevoli per farti cliccare su link pericolosi e farti condividere dati personali, come password e indirizzo."

"Se una e-mail ti chiede di cliccare su un link o scaricare un allegato, chiedi prima a un adulto! I truffatori usano proprio questi metodi per rubare dati personali o infettare il computer!" 📕

"Quando scrivi una e-mail, sii sempre gentile! Non condividere mai informazioni personali come il tuo indirizzo, la scuola che frequenti o la tua password!" ✍

Emma sospirò. "Quindi questa e-mail è una truffa?"

Robottino annuì. "Sì, Emma! Nessuno regala premi come nulla fosse! Queste e-mail servono solo a ingannare le persone per rubare i loro dati. Ma ora sai come proteggerti! Ricorda: non dare mai informazioni personali a sconosciuti!"

Emma sorrise. "Grazie, Robottino! D'ora in poi starò più attenta con le e-mail!"

"Brava, Emma! " Esultò Robottino, felice per aver condiviso un nuovo argomento.

Colora

Memory e metti in sequenza

Digital safety

Emma reading a suspicious email

Digital safety

Emma warning a about the sender

Safe website

Emma checking the upouse mail

Safe website

Emma o wanout fake prize email

Safe website

a warning about a fake prize email

Safe website

Safe webe dangerous website

🛒 Capitolo 9: Acquistare sul web in sicurezza

- Come funzionano gli acquisti online
- Riconoscere siti affidabili
- ✏️ **Attività**: Disegna il tuo negozio online sicuro!

Racconto: Robottino e il negozio invisibile!

Emma voleva comprare un zainetto nuovo per la scuola e trovò un'offerta incredibile su un sito sconosciuto..

"Robottino, che ne dici? Posso acquistarlo? Costa pochissimo!" chiese entusiasta.

Robottino scosse la testa con un bip preoccupato. "Attenta, Emma! Non tutti i negozi online sono sicuri! Vediamo insieme come riconoscere quelli affidabili!"

Controlla il lucchetto! 🔒

"Se un sito inizia con
'https://' e ha un lucchetto
accanto all'indirizzo,
significa che i tuoi dati sono
protetti! Senza il lucchetto,
meglio non inserire informazioni personali!"

"Controlla se hanno già acquistato da quel sito.
Se nessuno l'ha fatto è meglio non farlo!"

"Fai attenzione! Per sapere se il sito è
affidabile cerca recensioni e notizie da parte di
altri clienti che hanno acquistato!"

"Se un prezzo è troppo basso rispetto ad altri
negozi, potrebbe essere una truffa! I truffatori
attirano le persone con sconti incredibili per poi
non inviare nulla o rubare i tuoi dati!"

Emma annuì, riflettendo. "Quindi devo sempre
controllare che il sito sia sicuro e abbia buone
recensioni!"

Robottino sorrise. "Esatto! Ora sai come fare
acquisti in sicurezza! Ma prima di scrivere i tuo

dati, ricorda di chiedere sempre a un adulto" 🛒 🔒

Disegna il tuo negozio online

Colora

Ricostruisci l'immagine

🎬 Capitolo 10: Guardare film e serie TV online

- Streaming legale vs pirateria 📺
- Come funzionano YouTube e Netflix
- La pubblicità online e il suo impatto 🛑
- ✏️ **Attività:** Disegna un personaggio dei giochi o della TV che ti piace

Racconto:
Robottino e il cinema digitale!

Emma voleva vedere un film online, ma non sapeva dove trovarlo. Decise allora di chiedere aiuto a Robottino.

"Robottino, posso guardarlo su questo sito?" chiese, indicando lo schermo.

Robottino osservò attentamente. "Hmm, attenzione, Emma! Alcuni siti offrono film gratis in modo illegale! Sono pieni di pubblicità e, mentre guardi il film, mal intenzionati hanno tutto il tempo di entrare nel tuo computer e rubare tutte le informazioni che trovano!"

Emma spalancò gli occhi. "Vuoi dire che qualcuno riesce ad entrare nel mio computer anche da lontano?"

"Esatto, Emma! Gli hacker possono entrare nel computer, installare virus che lo fanno impazzire. E' meglio stare alla larga dai siti poco sicuri!" consigliò Robottino.
"E allora come posso guardare i film in sicurezza?"

Robottino fece un piccolo salto e disse: "Facile! Ci sono piattaforme ufficiali come YouTube, Netflix, Disney+ e tante altre. Sono sicure e legali!"

Emma annuì. "E se trovo un sito che non conosco?"

"Meglio evitarlo! Alcuni siti possono contenere virus o farti scaricare file pericolosi!" disse ancora Robottino. "Ricorda: scaricare film illegalmente è sbagliato e anche rischioso!"

Emma sorrise. "Grazie, Robottino! Ora so dove trovare i film in modo sicuro!"

Robottino girò su sé stesso e disse allegramente: "Ben fatto! Ora sei un'esperta di cinema digitale!"

Disegna un personaggio che ti piace

🔐 Capitolo 11: Cos'è la sicurezza informatica?

- Proteggere i dati e usare password sicure 🔑

- Antivirus e firewall 🛡️

- Gli hacker buoni e cattivi 🕶️

- ✏️ Attività: Crea la tua password super sicura!

Racconto:
Robottino e le password.

Emma voleva creare un nuovo account per un gioco, ma scelse una password troppo facile: "Emma123".

"Fermati!" esclamò Robottino che non smetteva mai di supervisionare l'operato della ragazzina "le password sono troppo importanti. Sono loro che impediscono agli hacker di

entrare nel tuo computer, se facile la trovano subito, ma se è più complicata diventa più difficile per loro entrare nel tuo computer. "Una password troppo debole come quella che hai creato tu non protegge i tuoi dati! Ti spiegherò come realizzare una Password che ti aiuterà a proteggerti dagli hacker cattivi!"

Deve essere lunga di almeno 12 caratteri!"

Inserisci all'interno lettere, numeri e simboli!
 "Come C@neBlu24!"

Non usare la stessa password ovunque!
"Se qualcuno la scopre, potrebbe entrare in tutti i tuoi account!"

Emma annuì. "Grazie Robottino non sapevo che dietro ad ogni password c'era un motivo così importante. Ora creerò password super sicure!"
Robottino applaudì. "Ben fatto! Ora, le tue password saranno le guardie del tuo computer più sono complicate più le loro armi saranno in grado di difenderlo!" 🔑 🏰

Scrivi una password sicura. Segui l'esempio di Robottino

Colora

🦠 Capitolo 12: I Virus Informatici!

- Cosa sono i virus del computer? 🖥️
- Come si prendono? 🔺
- Come proteggersi? 🔒
- ✏️ Attività: Disegna uno scudo contro i virus!

Racconto:
Robottino e il virus informatico.

Emma stava giocando al computer quando apparve un messaggio strano sullo schermo.

"Hai vinto un premio! Clicca qui per riceverlo!"

Emma stava per cliccare, quando Robottino accompagnato dall'inseparabile BIP intervenne subito.

"Aspetta, Emma! Potrebbe essere un virus!"

Emma si fermò. "Un virus? Ma non ho il raffreddore!"

Robottino sorrise. "I virus informatici non fanno starnutire, ma possono far ammalare il computer! Possono cancellare file, rallentarlo o persino rubare informazioni!"

Emma si preoccupò. "E come fanno ad arrivare nel computer?"

Robottino spiegò: "Si nascondono nei siti pericolosi, nei programmi scaricati da fonti non sicure o nei messaggi che sembrano veri ma non lo sono!"

Emma annuì preoccupata. "Posso proteggermi?"

"Ottima domanda!" esclamò Robottino. "Ecco alcune regole d'oro per stare al sicuro:"
1. Non aprire link o messaggi sospetti.
2. Scarica solo da siti sicuri.
3. Usa un buon antivirus.
4. Chiedi sempre aiuto a un adulto prima di installare qualcosa!

Emma sorrise. "Wuaoo ci è mancato poco. Stavo per cliccare su questa offerta. Grazie,

Robottino! Ora so come proteggere il mio computer!"

Robottino fece un piccolo inchino e disse: "Ben fatto! Ora sei anche esperta di sicurezza digitale!" 👩‍💻🖥️

Disegna uno scudo contro i virus

Colora

Capitolo 13: I Robot e l'Intelligenza Artificiale

Cosa sono i robot?

Come funziona l'Intelligenza Artificiale?

I robot possono pensare? 🧑‍🦰🏗️

Attività: Disegna il tuo robot e descrivi cosa può fare!

Racconto:
Robottino Spensierino e l'Intelligenza Artificiale

Un giorno, Luca chiese a Robottino Spensierino: "Sai Robottino, mi sono sempre chiesto come funzionano i robot?".
Robottino sorrise: "I robot sono macchine speciali che aiutano le persone in tanti modi. Alcuni costruiscono automobili, altri esplorano lo spazio, e alcuni, come me, amano raccontare storie!". Rispose Robottino sorridendo soddisfatto
"E, possono pensare?" chiese Luca curioso.
"Be, sì . Ma non come gli umani!" spiegò Robottino. "Hanno una mente chiamata Intelligenza Artificiale che li aiuta a

memorizzare informazioni e a prendere
decisioni, ma non provano emozioni come te.".
Luca si accigliò, e ricordando alcuni film che
aveva visto chiese "Possono diventare cattivi?".
Robottino scosse la testa: "La loro mente è
programmata da programmatori esperti, sono
loro che decidono come deve essere il robot
cosa deve fare ecc... se sono persone brave
anche i robot lo sono. Per questo motivo gli
umani devono essere in grado di creare AI
responsabili e sicure."
Luca sorrise: "Allora un giorno potrei costruire
un robot buono come te!".
Robottino batté le mani: "Fantastico!
Mettiamoci al lavoro! Intanto possiamo
disegnarne uno insieme.
Disegniamo il tuo robot ideale!".

Disegna il tuo robot ideale e descrivi cosa può fare

Colora l'AI

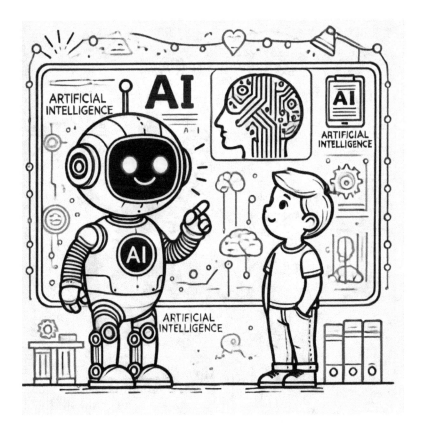

L'intelligenza artificiale funziona grazie ai numerosi dati

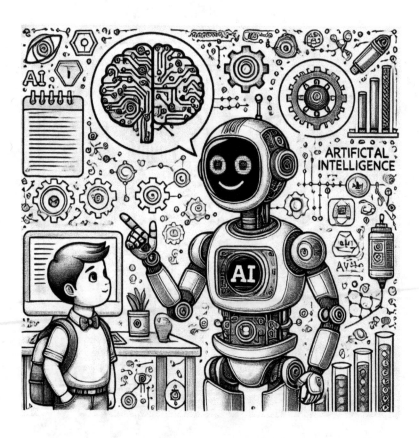

🌐 Capitolo 14: Il futuro dell'informatica

- I computer saranno ancora più intelligenti! 🚀

- Auto che si guidano da sole. 🚗

- Cosa potremo fare con la tecnologia? 💡

- 🏆 Certificato di esperto informatico Junior! 🎓

Racconto:
Robottino Spensierino e il domani digitale

Marta guardava il cielo e chiese a Robottino: "Come sarà il futuro della tecnologia?". Robottino le mostrò sul video un'auto futuristica. "Le auto si guideranno da sole! E i computer saranno ancora più intelligenti!".
"E noi, cosa faremo?" chiese Marta che nel sentire delle trasformazioni temeva che gli esseri umani non servissero più.
"Voi userete la tecnologia per migliorare il mondo!" Esclamò Robottino. "Ci saranno cure mediche avanzate, viaggi spaziali più facili e

invenzioni sorprendenti!". Marta sorrise: "Mi piacerebbe inventare qualcosa di utile!".

"Puoi farlo!" disse Robottino.

"Ogni grande invenzione inizia da un'idea!".
Disse Robottino mentre Marta già sognava un futuro pieno di tecnologia e innovazione.

Per concludere le ultime prove

1 Il case del computer è solo una scatola e non serve a nulla.

❌ Falso (Il case protegge e contiene i componenti del computer.)

2 I file salvati sul computer possono essere persi se non vengono salvati correttamente.

✅ Vero

3 Tutti i programmi funzionano senza bisogno di essere installati.

❌ Falso (Alcuni programmi devono essere installati prima di poter essere usati.)

4 Un hard disk è una memoria temporanea che si cancella quando spegni il computer.

❌ Falso (L'hard disk conserva i dati anche quando il computer è spento.)

5 I videogiochi non sono programmi informatici.

✖ Falso (I videogiochi sono software programmati con un codice.)

6 Un firewall serve a proteggere il computer da attacchi informatici.
✓Vero

7 Un computer può essere usato per creare disegni, scrivere testi e guardare video.
✓Vero

8 Se un sito ha una grafica bella e colorata, è sicuramente affidabile.
✖ Falso (Un sito sicuro deve avere certificazioni, recensioni e il simbolo del lucchetto nella barra dell'indirizzo.)

9 Esistono robot che aiutano nelle operazioni chirurgiche.
✓Vero

10 Un virus informatico può diffondersi anche senza che l'utente faccia nulla.

✅Vero (Alcuni virus si diffondono automaticamente tramite reti e dispositivi connessi.)

1 1 Le automobili che si guidano da sole non esistono, sono solo nei film.

❌ Falso (Le auto a guida autonoma esistono già e sono in fase di sviluppo.)

1 2 Un'intelligenza artificiale può imparare nuove cose analizzando i dati.

✅Vero

1 3 Tutti i robot hanno una forma umanoide e parlano.

❌ Falso (Molti robot hanno forme diverse e non parlano, come i robot industriali.)

1 4 Un aggiornamento del sistema operativo

può migliorare la sicurezza del computer.

✅Vero

1 5 Se una e-mail ha il logo di un'azienda famosa, è sempre sicura.

❌ Falso (Gli hacker possono falsificare loghi e nomi per truffare le persone.)

1 6 I computer possono essere utilizzati per esplorare lo spazio.

✅Vero (I computer sono fondamentali per la navigazione spaziale e il controllo dei veicoli spaziali.)

1 7 I social media sono usati solo per divertirsi e non servono a niente di utile.

❌ Falso (I social media possono essere usati anche per informarsi, imparare e comunicare con altre persone.)

Trova l'intruso. Gioca con gli amici

◆ 1. Mouse - Tastiera - Monitor - Forchetta

◆ 2. CPU - Hard Disk - Banana - RAM

◆ 3. Phishing - Firewall - Antivirus - Gelato

◆ 4. Videogioco - Browser - Internet - Scarpa

◆ 5. Hacker - Password - Bicicletta - Codice

◆ 6. E-mail - Wi-Fi - Tigre - Router

◆ 7. Software - Hardware - Cuscino - Sistema operativo

◆ 8. Smartphone - Tablet - Orologio a cucù - Computer

◆ 9. Netflix - YouTube - Pallone da calcio - Streaming

◆ 10. Intelligenza Artificiale - Robot - Pesce rosso - Programmazione

◆ 1. Tastiera - Monitor - Matita - Mouse

◆ 2. Codice - Programmazione - Cavallo - Software

◆ 3. Hard Disk - Memoria RAM - Zaino - Processore

◆ 4. Hacker - Firewall - Cocomero - Sicurezza informatica

◆ 5. YouTube - Netflix - Palloncino - Streaming

◆ 6. Router - Wi-Fi - Chitarra - Internet

◆ 7. Touchscreen - Smartphone - Libro di fiabe - Tablet

◆ 8. Mouse - Controller - Pattini a rotelle - Joystick

◆ 9. Phishing - Spam - Farfalla - Truffa online

◆ 10. Videogame - Console - Sedia - Controller

◆ 11. Robot - Intelligenza Artificiale - Farfalla - Algoritmo

◆ 12. Stampante - Scanner - Bicicletta - Computer

◆ 13. Password - Sicurezza - Giraffa - Protezione dati

◆ 14. E-mail - Messaggio - Gelato - Chat

◆ 15. Antivirus - Firewall - Televisione - Sicurezza

Vocabolario

A

◆ Account – Un profilo personale che permette di accedere a un servizio online (es. giochi, e-mail, social media).

◆ Aggiornamento – Un miglioramento o una correzione per programmi e sistemi operativi.

◆ Antivirus – Un programma che protegge il computer dai virus informatici.

B

◆ Browser – Un programma che serve per navigare su Internet (es. Chrome, Safari, Firefox).

◆ Bug – Un errore in un programma che causa malfunzionamenti.

C

◆ CPU (Processore) – Il cervello del computer, che esegue i comandi.

◆ Cloud – Uno spazio su Internet dove si possono salvare dati e file senza occupare memoria sul computer.

◆ Codice – Un insieme di istruzioni scritte dai programmatori per far funzionare un computer o un videogioco.

◆ Cyberbullismo – Un comportamento scorretto o offensivo che avviene su Internet, come prendere in giro qualcuno online.

D

◆ Download – Scaricare un file o un programma da Internet al computer.

E

◆ E-mail – Un messaggio elettronico che si invia tramite Internet.

◆ Encryption (Crittografia) – Un metodo per proteggere i dati rendendoli leggibili solo da chi ha la chiave di accesso.

F

◆ Fake News – Notizie false che vengono diffuse su Internet per ingannare le persone.

◆ Firewall – Un sistema di sicurezza che protegge il computer da accessi non autorizzati.

H

◆ Hard Disk – La memoria del computer dove vengono salvati tutti i dati.
◆ Hacker – Una persona esperta di computer che può usare le sue conoscenze per aiutare o danneggiare altri utenti.

I

◆ Intelligenza Artificiale (AI) – Un tipo di tecnologia che permette ai computer di imparare e rispondere in modo intelligente.
◆ Internet – Una grande rete che collega computer in tutto il mondo.

M

◆ Malware – Un software dannoso creato per infettare un computer.
◆ Memoria RAM – La memoria veloce del computer che aiuta il processore a lavorare più rapidamente.

N

◆ Navigare in Internet – Cercare informazioni e visitare siti web.

P

◆ Phishing – Una truffa online in cui i truffatori cercano di rubare dati personali fingendosi aziende affidabili.

◆ Password – Una parola segreta che serve a proteggere i tuoi dati online.

R

◆ Rete Wi-Fi – Un sistema che permette di connettersi a Internet senza fili.

◆ Robot – Una macchina programmata per eseguire compiti automaticamente.

S

◆ Sicurezza informatica – Insieme di regole e strumenti per proteggere dati e dispositivi online.

◆ Software – Tutti i programmi che fanno funzionare un computer o un dispositivo elettronico.

◆ Spam – Messaggi indesiderati che vengono inviati via e-mail o sui social.

T

◆ Touchscreen – Uno schermo che si può usare toccandolo con le dita.

◆ Truffa Online – Un inganno che avviene su Internet per rubare soldi o informazioni.

V

◆ Videogame (Videogioco) – Un gioco interattivo che si usa con un computer, una console o un telefono.

◆ Virus Informatico – Un programma dannoso che può rovinare o rallentare un computer.

📌 Questo vocabolario vi aiuterà a comprendere meglio il linguaggio dell'informatica!

🎲 Giochi Educativi e Divertenti

1. **Trova il Gemello** 🐻 🐻
   - Mostra una serie di immagini con oggetti o animali, ma solo due sono identici.
   - Il bambino deve trovare i due uguali!
2. **Colora il Robottino!** 🎨 🤖
   - Disegna un robottino semplice con sezioni in bianco e nero.
   - Il bambino può colorarlo come preferisce! (Può essere fatto su carta o con un'app interattiva).
3. **Indovina il Suono!** 🎶 🐤
   - Riproduci suoni di animali, mezzi di trasporto o oggetti.
   - Il bambino deve indovinare chi o cosa li produce.
4. **Dov'è il Robottino?** 🔍 🤖

- Mostra un'immagine con tanti oggetti e nascondi un piccolo robottino dentro la scena.
- Il bambino deve trovarlo! (Come un piccolo "cerca e trova").

5. **Abbina i Colori!** 🌈🟧🟦🟩

- Disegna forme o oggetti di diversi colori.
- Chiedi al bambino di mettere insieme quelli dello stesso colore.

6. **Percorso per Robottino!** 🏁🤖

- Disegna un labirinto semplice e chiedi al bambino di aiutare Robottino a trovare la strada giusta fino alla sua casa.

7. **Memory con le Immagini!** 🧠💡

- Usa carte con immagini semplici (animali, frutta, robot).
Incolla la schede su un altro foglio per irrobustirle

Hai mai scritto una E. mail ?
Proviamo a scriverne una insieme

Da: [Il tuo nome]
A: robottino@informatica.com

Oggetto: Ciao Robottino, ho una domanda per te!
Testo:

Ciao Robottino! 🤖

Mi chiamo_____ e sto imparando tante cose
sull'informatica grazie a te! Ti scrivo per ringraziarti delle tante
informazioni che mi hai dato.

Mi è piaciuta soprattutto la lezione sulle password. Ho capito
che deve essere lunga , contenere lettere, numeri e simboli, ma
non so proprio come fare per ricordarla senza scriverla su un
foglio! 🤔
Hai un consiglio da darmi?

Grazie per il tuo aiuto! Sei il mio robottino preferito!

A presto,
[Il tuo nome]

🎓 DIPLOMA DI ESPERTO INFORMATICO JUNIOR 🏅

Questo diploma viene assegnato a:

🖊 _____

Per aver completato con successo il viaggio alla scoperta dell'informatica insieme a Robottino Spensierino! 🎮💡

Grazie alla tua curiosità e impegno, hai imparato:
✅ Cos'è un computer e come funziona 🖥
✅ Le differenze tra hardware e software ⚙️
✅ Come navigare su Internet in sicurezza 🌐
✅ Proteggere i tuoi dati con password sicure 🔑
✅ Cosa sono i virus informatici e come evitarli 🦠
✅ Come funzionano i videogiochi e il codice segreto! 🎮👾
✅ L'importanza di fare pause quando usi il computer ♂

📜 **Adesso sei un vero esperto informatico junior!** 🎉

🏆 Firmato: 🤖 Robottino Spensierino
👨‍🎓 Maestro dell'Informatica!

Cari piccoli esploratori 📣

Abbiamo viaggiato insieme nel fantastico mondo dei computer, dei videogiochi, di Internet e della sicurezza digitale! 🚀 💻 Ora conoscete i segreti per usare la tecnologia in modo sicuro, intelligente e divertente.

Ricordate:
La tecnologia è un grande aiuto, ma va usata con equilibrio!
Proteggete i vostri dati e scegliete password sicure! 🔒
Internet è una porta sul mondo, ma bisogna saper distinguere le informazioni vere da quelle false. 🌍
Usate la creatività!
Date voce alle vostre idee, create giochi, scoprire cose incredibili e programmate il vostro futuro! 💡 📚

Arrivederci, piccoli informatici!
Ricordate… **un clic può aprire un mondo di avventure!** 🌟

Cari genitori 📣

Grazie per aver accompagnato i vostri bambini in questo viaggio alla scoperta dell'informatica! 🚀 💻

Oggi più che mai, la tecnologia è parte integrante della nostra vita quotidiana, ed è fondamentale che i più piccoli imparino a usarla in modo sicuro, consapevole e costruttivo. Questo libro è stato pensato per avvicinare i bambini al mondo digitale attraverso il gioco, la curiosità e l'apprendimento interattivo.

Come potete aiutarli?

✔ **Guidateli nell'uso del computer** – Fate insieme a loro le attività e rispondete alle loro domande con pazienza e curiosità.

✔ **Parlate di sicurezza online** – Aiutateli a capire l'importanza delle password sicure, dei siti affidabili e del rispetto per gli altri anche nel mondo digitale.

✔ **Incoraggiateli a essere creativi** –

L'informatica non è solo gioco, ma anche un'opportunità per sviluppare nuove abilità: coding, grafica digitale, storytelling e molto altro!

✔ **Stabilite delle regole di utilizzo** – Equilibrio e consapevolezza sono la chiave per un rapporto sano con la tecnologia.

L'informatica è un'opportunità straordinaria per il futuro dei vostri bambini. Con il giusto supporto, potranno esplorare il mondo digitale con entusiasmo, sicurezza e responsabilità!

Grazie per il vostro impegno e… **buona avventura digitale a tutta la famiglia!**